AF302613

Lothar-Rüdiger Lütge

Martin Luther und die Zerstörung des Abendlandes

Eine radikale Kritik aus der Sicht
des traditionellen Christentums

Herstellung und Verlag:
BoD – Books on Demand,
Norderstedt

ISBN: 9 783758 383625

Einleitung

Zugegeben, der Titel "Martin Luther und die Zerstörung des Abendlandes" klingt provokativ! Und das soll er auch, denn diese kleine Schrift will den Leser mit einer ungewohnten Sicht auf Martin Luther und die von ihm ausgelöste Reformation konfrontieren. Denn man kann Luthers Wirken und die Folgen seines Handelns auch ganz anders sehen, als es heute üblicherweise geschieht. Betrachtet man die Geschehnisse bewusst kritisch, so sieht man vor allem die zerstörerische Wirkung, die Martin Luther mit seinen Thesen und Theorien auslöste. Diese Sichtweise steht im Mittelpunkt des vorliegenden kritischen Textes. Folgende zentrale Themen werden behandelt:

Historischer Hintergrund und Entstehung des Christentums

Das Christentum begann mit Jesus Christus und breitete sich trotz Verfolgungen im Römischen Reich aus. Mit der Anerkennung durch Kaiser Konstantin und später durch Theodosius wurde es zur Staatsreligion.

Diese Konsolidierung führte zu einer engen Verbindung von Kirche und Staat, wobei die weltlichen Herrscher im Namen der Kirche und Gottes regierten.

Martin Luthers revolutionäre Thesen

Martin Luther, ein Augustinermönch, kritisierte 1517 öffentlich die Kirche, insbesondere den Ablasshandel. Seine Thesen „Sola scriptura" (allein die Schrift), „Sola fide" (allein der Glaube) und „Sola gratia" (allein die Gnade) stellten die traditionelle Lehre und die Autorität der Kirche radikal in Frage. Er reduzierte das Christentum auf die Bibel und den individuellen Glauben und zerbrach damit die Einheit von Kirche und Christentum.

Luther und die Folgen für das politische Gefüge

Luthers Lehren führten zur Trennung von Staat und Kirche. Die weltlichen Herrscher wurden von der kirchlichen Legitimation unabhängig und konnten nach eigenem Gutdünken regieren. Dies führte langfristig zur Entstehung säkularer Staatsformen und liberaler Ideologien, die sich weltweit ausbreiteten.

Gesellschaftliche und kulturelle Folgen

Luthers Grundsätze veränderten das Verständnis von Religion und persönlicher Erlösung. Die Betonung des individuellen Glaubens und der göttlichen Gnade schwächte die Rolle der Kirche im täglichen Leben und in der Moral der Menschen. Dies trug zur Entwicklung von Säkularismus und Liberalismus bei, wodurch Religion zu einer Privatangelegenheit wurde.

Langfristige Folgen und Verfall der Ordnung

Die von Luther eingeleitete Trennung von geistlicher und weltlicher Macht führte zu einer Erosion der traditionellen hierarchischen und transparenten Machtstrukturen. Dies ermöglicht den Aufstieg einer verborgenen Elite, die ohne klare moralische und ethische Vorgaben agiert. Die Folge ist ein relativer Werteverfall, der als zentraler Faktor für den Niedergang der westlichen Kultur und Zivilisation angesehen wird.

Soweit der Inhalt, der den Leser erwartet.

Formal bietet der Text eine kritische Perspektive auf Martin Luther und die Reformation. Es ist nicht nur eine historische Erzählung, sondern eine tiefer gehende Analyse, die die weitreichenden und oft unerwarteten Folgen von Luthers Taten und Lehren untersucht. Es ist wichtig zu verstehen, dass die Absicht dieses Textes nicht darin besteht, den Leser zu verletzen oder seine religiösen Überzeugungen zu diskreditieren. Er soll vielmehr zum Nachdenken und zur Neubesinnung anregen.

Die Reformation war ein tiefgreifendes Ereignis, das die religiöse und politische Landschaft Europas nachhaltig verändert hat. Ging es Luther zunächst um eine Reform der Kirche, so führten seine Thesen und die daraus resultierenden Bewegungen zu einer grundlegenden Neuordnung des Verhältnisses von Kirche und Staat, von Religion und Gesellschaft. Diese Entwicklungen hatten sowohl positive als auch negative Folgen, die in diesem Text unvoreingenommen betrachtet werden.

Es ist wichtig zu betonen, dass dieser Text eine spezifische Sichtweise darstellt und Teil einer breiteren historischen und theologischen Debatte ist. Die dargestellten Standpunkte sollen den Leser einladen, die komplexen Entwicklungen der Reformation und ihre langfristigen Auswirkungen aus einer neuen Perspektive zu betrachten. Damit ist die Hoffnung verbunden, dass diese kritische Auseinandersetzung zu einem tieferen Verständnis und einer umfassenderen Würdigung der historischen Ereignisse führt.

Schließlich kann die Reformation wie jede große historische Bewegung unterschiedlich interpretiert werden. Ziel dieses Textes ist es, mit der hier vorgelegten Analyse zu einer breiteren und differenzierteren Diskussion beizutragen. Der Text fordert etablierte Sichtweisen heraus, indem er alternative Perspektiven aufzeigt und den Leser dazu anregt, über die tiefgreifenden Veränderungen nachzudenken, die durch die Reformation ausgelöst wurden.

Diese Einführung soll den Leser einladen, den folgenden Text mit offenem Geist zu lesen und sich auf eine Reise durch die komplexen und faszinierenden Entwicklungen der Reformation und ihrer weitreichenden Folgen zu begeben.

Martin Luther und die Zerstörung des Abendlandes - Eine radikale Kritik aus der Perspektive des traditionellen Christentums.

Um zu verstehen, wie ein einfacher Augustinermönch namens Martin Luther im Jahre 1517 versehentlich die Fundamente des Abendlandes zerstörte und damit den heutigen Niedergang der westlichen Kultur und Zivilisation einleitete, muss man ein wenig ausholen.

Die Geschichte begann um das Jahr 30 nach Christi Geburt. Damals gründete Jesus Christus, der Sohn Gottes, im römisch besetzten Land Judäa seine heilige Kirche. Er tat dies, indem er im Kreis seiner engsten Jünger, seinem besonders treuen Anhänger Petrus, erklärte: "Ich aber sage dir: Du bist Petrus und auf diesen Felsen werde ich meine Kirche bauen und die Pforten der Unterwelt werden sie nicht überwältigen. (Matthäus 16,18) Und an anderer Stelle erklärt er seinen Jüngern den kirchlichen Auftrag wie folgt: „Mir ist alle Vollmacht gegeben im Himmel und auf der Erde. Darum geht und macht alle

Völker zu meinen Jüngern; tauft sie auf den Namen des Vaters und des Sohnes und des Heiligen Geistes und lehrt sie, alles zu befolgen, was ich euch geboten habe. Und siehe, ich bin mit euch alle Tage bis zum Ende der Welt." (Matthäus 28, 16-20)

Wie wir wissen, wurde Jesus Christus um das Jahr 33 nach seiner Geburt in Jerusalem vom römischen Statthalter Pilatus zum Tode verurteilt und gekreuzigt. Unmittelbar nach seinem Tod und der von ihm angekündigten Auferstehung begannen die Jünger Jesu, den ihnen erteilten Auftrag zu erfüllen. Sie zogen in die ganze damals bekannte Welt und verkündeten das Evangelium, die Frohe Botschaft, die sie von Jesus Christus empfangen hatten und die er ihnen durch sein Leben, seinen Tod und seine Auferstehung bezeugt hatte. Auf diese Weise verbreitete sich seine Lehre, die schon bald nach ihrem Gründer Christentum genannt wurde, im gesamten Römischen Reich und darüber hinaus.

Machen wir nun einen Sprung von etwa dreihundert Jahren in der Geschichte. Wir schreiben das Jahr 313 nach Christus in Rom. Hier regiert Kaiser Konstantin, der das Christentum erstmals zu einer anerkannten Religion erklärt. Bis dahin waren die Anhänger von Jesus Christus und seiner Lehre im Römischen Reich immer wieder verfolgt und getötet worden. Dennoch sind die Christen inzwischen auf einige Millionen angewachsen und machen zwischen 3 und 6 Prozent der Bevölkerung aus. Und ihr Anteil wuchs in den folgenden Jahren beträchtlich, bis schließlich im Jahr 380 unter Kaiser Theodosius das Christentum zur alleinigen Staatsreligion für das gesamte Römische Reich erklärt wurde.

Mit der formellen Anerkennung des Christentums im Römischen Reich geht eine Vereinheitlichung und Festigung der christlichen Kirche und ihrer Lehre einher. Die christliche Religion besteht in ihrer äußeren Erscheinung aus drei Teilen: Da ist zum einen die Tradition, also die gewachsene und etablierte Praxis der Gottesverehrung, des Gebets etc. Zum anderen gibt es einen Katalog von heiligen Handlungen, den so genannten Sakramenten, die die göttliche Gnade unmittelbar in der materiellen Welt wirksam werden lassen, und schließlich als dritte Komponente die schriftlichen Texte der christlichen Lehre, von denen einige schließlich in den Jahren 393 bis 397 offiziell in Form der christlichen Bibel in einem einzigen Buch zusammengefasst wurden.

Wichtig für das weitere Verständnis ist, dass parallel zur Konsolidierung und breiten Etablierung des Christentums im Römischen Reich auch der Anspruch der Christen und ihrer christlichen Kirche wuchs, Einfluss auf die Politik und die Ordnung der weltlichen Gesellschaft zu nehmen. Schließlich handelt die Kirche nach ihrem Selbstverständnis im Namen und Auftrag Jesu Christi, des Sohnes Gottes, des Herrn und Herrschers der Welt. Diese Rückbindung der weltlichen Macht an Gott und die Religion ist für die Menschen in Rom nichts Neues, sie ist vielmehr eine Selbstverständlichkeit.

In allen archaischen Gesellschaften war die Macht der weltlichen Herrscher immer an die Götter gebunden. Dieses Prinzip gilt mehr oder weniger überall auf der Welt. Überall stehen die Fürsten und Könige entweder in direkter Beziehung zu Gott oder sind so etwas wie seine weltlichen Repräsentanten. Das gilt für die Königreiche Chinas und Japans ebenso wie für Indien, Ägypten und alle anderen Teile der Welt, und das gilt auch für die Einführung des Christentums als Staatsreligion in Rom. Hier trat Jesus Christus als Weltenherrscher an die Stelle der bis dahin verehrten heidnischen Götter.

In den folgenden Jahrhunderten bis ins Mittelalter hinein festigt und verbreitet sich der Einfluss des Römischen Reiches und seiner Nachfolgereiche in Europa und damit auch der Einfluss und die Ausbreitung der christlichen Kirche, die nicht nur für das geistige Wohl der Menschen zuständig ist, sondern zugleich auch die äußeren Lebensbedingungen in der materiellen Welt nach ihren religiösen, ethischen und moralischen Vorgaben zu gestalten hat. Als Legitimation gilt dabei immer die Maxime, die Jesus Christus selbst seinen Jüngern in seinem Auftrag an die Kirche mitgegeben hat: „Mir ist alle Vollmacht gegeben im Himmel und auf der Erde." (s.o.)

In ihrer doppelten Sendung geht die Kirche bewusst zweigleisig vor. Um die geistlichen

Inhalte der Religion und des religiösen Lebens im engeren Sinne kümmert sie sich direkt, durch ihre Priester und Bischöfe, Mönche und Nonnen, in Kirchen und Klöstern usw., während sie die weltliche Herrschaft, also die Organisation, Gestaltung, Sicherung und Verteidigung des Gemeinwesens, einschließlich der notwendigen Steuern und Abgaben, an den Adel delegiert. Die weltlichen Herrscher, also die Fürsten und Könige, herrschen also unmittelbar im Auftrag der Kirche über ihre jeweiligen Untertanen. Ihre Legitimation zur Herrschaft leiten sie direkt aus diesem kirchlichen Auftrag und damit indirekt von Jesus Christus, also von Gott selbst ab. In diesem Sinne herrschen sie „von Gottes Gnaden" und repräsentieren damit die von Gott gegebene Ordnung! Und natürlich ist es dabei ihre Pflicht, den göttlichen Vorgaben, also der Lehre Jesu Christi bzw. der Lehre seiner Kirche, zu entsprechen und diese im Rahmen ihrer Herrschaft praktisch auszudrücken und umzusetzen. Die weltlichen Herrscher sind also nicht frei in ihrem Handeln. Sie sind selbst der göttlichen Ordnung und der Herrschaft der Kirche unterworfen, die stellvertretend für Jesus Christus handelt.

Das ist die politische und religiöse Situation, in der sich Europa und die damals bekannte Welt befinden, als Martin Luther im Jahr 1517 eine öffentliche Erklärung an das Portal der Schlosskirche zu Wittenberg nagelt. Martin Luther ist zu diesem Zeitpunkt ein mehr oder weniger unbekannter und unbedeutender Augustinermönch irgendwo in deutschen Landen, und er prangert in seinem offenen Brief bestimmte Praktiken der Kirche an, mit denen diese den Gläubigen oder ihren bereits verstorbenen Angehörigen den Erlass ihrer Sündenstrafen gegen Zahlung eines Geldbetrages anbietet. Luther missfällt dieser so genannte Ablasshandel, und man kann sicherlich sowohl den Sinn und Zweck als auch die religiöse Grundlage und erst recht die damals praktizierte konkrete Ausgestaltung des Verkaufs von Ablassbriefen kritisch hinterfragen. Mit seiner Kritik steht er auch nicht allein, und so findet seine öffentliche Äußerung zwar in der Bevölkerung einige Beachtung, wird aber in der Kirche selbst zunächst kaum ernst genommen. Erst als sich seine Thesen sowohl im Volk als auch im Klerus verbreiten und allgemein diskutiert werden, reagiert die Kirche schließlich und fordert ihn zum Widerruf auf. Er weigert sich nicht nur, sondern weitet seine Kritik an der Kirche noch aus. Im Jahr 1519 kommt es schließlich zu einer öffentlichen Disputation zwischen ihm und einem offiziellen Vertreter der Kirche, in der er seine allgemeine Kritik noch verstärkt und bekräftigt. Als er im folgenden Jahr 1520 ein päpstliches Ultimatum zum Widerruf seiner Kritik endgültig ablehnt und verstreichen lässt, kommt es 1521 zur Exkommunikation, also zum Ausschluss aus der Kirche. Diese wird vom deutschen Kaiser durch die allgemeine Reichsacht bestätigt, die Luther quasi für schutzlos und vogelfrei erklärt und ihn aller Rechte beraubt. In dieser Situation gewährt ihm der Kurfürst von Sachsen Schutz und Zuflucht auf der Wartburg.

Es stellt sich die Frage: Warum hat der sächsische Kurfürst Luther damals Zuflucht gewährt und sich damit in offene Konfrontation mit der christlichen Kirche und dem deutschen Kaiser begeben? Ein ganz wesentlicher Grund liegt in den konkreten Lehren, die

Luther in den zwei bis drei Jahren zuvor in der öffentlichen Auseinandersetzung mit der Kirche entwickelt und verbreitet hatte. Die zentralen Inhalte seiner inzwischen geradezu revolutionären Lehre lassen sich in nur drei kurzen Stichworten zusammenfassen. Luthers zentrale Prinzipien lauten: "Sola scriptura", "Sola fide" und "Sola gratia". Auf Deutsch: "Allein die Schrift", "Allein der Glaube" und "Allein die Gnade".

Gemeint ist damit Folgendes: Die einzige Grundlage des Christentums, so Luther, ist allein die Heilige Schrift! Und damit meint er das von der Kirche in Rom im Jahre 397 zusammengestellte Buch, die Bibel! Alle anderen kirchlichen Inhalte und Vorschriften zählen für ihn nicht! Mit den beiden Worten: „Sola scriptura/Allein die Schrift" lehnt Luther also alle Inhalte und Formen der damals bereits 1.500 Jahre alten christlich-kirchlichen Tradition als unwichtig bzw. falsch ab und fegt sie vom Tisch! Ebenso radikal ersetzt er die von der Kirche für die Gläubigen empfohlene Gebets- und Lebenspraxis durch die beiden Worte: „Sola fide - allein durch den Glauben". Er behauptet, dass allein der

Glaube an Jesus Christus als Gottes Sohn und Erlöser zur persönlichen Erlösung ausreicht. Die Erlösung geschieht für ihn also durch einen reinen Glaubensakt. Jeder, der an Jesus Christus glaubt, ist gerettet, so Martin Luther. Und schließlich bekräftigt er seine Auffassung von der Erlösung durch den Glauben mit den beiden Worten: „Sola gratia - allein aus Gnade". Gemeint ist damit, dass unsere Erlösung und der Eintritt ins Himmelreich ein reiner Gnadenakt Gottes ist, auf den wir keinen Einfluss haben, den wir also durch nichts, was wir tun oder lassen, auch nicht durch unser Gebet oder unsere guten Taten, beeinflussen können. Auch unser Glaube selbst, der nach Luther die zentrale Voraussetzung für unser Heil ist, ist in diesem Verständnis ein Gnadenakt Gottes. Das heißt, ohne seine Gnade sind wir gar nicht fähig zu glauben. Unser Schicksal liegt nach Luther also von vornherein ganz in Gottes Hand, ohne dass wir in irgendeiner Weise daran mitwirken könnten.

Diese Lehren Luthers sind wahrhaft revolutionär, denn sie widersprechen so ziemlich allem, was die Kirche seit 1.500 Jahren praktiziert und gepredigt hat. Wenn man es genau nimmt, geht es Luther mit diesen Grundsätzen eigentlich gar nicht mehr um eine Reform der Kirche, sondern um die Gründung einer neuen Glaubensgemeinschaft, denn er lehnt die Kirche als Institution mit all ihren Inhalten und Traditionen, mit ihrer ganzen Organisation und Struktur schlicht ab. Luther erfindet also das Christentum neu! Er nimmt nur ein einziges Element der bestehenden Kirche, nämlich die Bibel, und macht es zum alleinigen Maßstab seiner neuen Religion, die er zwar weiterhin Christentum nennt, die aber in Wirklichkeit eine neue, sekundäre Bewegung ist, die nur noch wenige Bruchstücke der ursprünglichen Lehre und Praxis übernimmt und gelten lässt und diese dann auch noch in eigenwilligster Weise neu interpretiert.

In diesem radikalen Ansatz, der nicht mehr auf eine Reform der Inhalte und Institutionen zielt, sondern alles Bestehende schlichtweg ablehnt und verwirft und stattdessen Neues schaffen will, unterscheidet sich Luther von all seinen Vorgängern, die ihm im Laufe der Jahrhunderte als Kritiker und

Reformatoren innerhalb und außerhalb der Kirche vorausgegangen sind. Niemals hat jemand vor ihm die Kirche als solche in Frage gestellt, denn stets wurde akzeptiert, dass die Kirche als Institution von ihrem Stifter Jesus Christus selbst gestiftet wurde und seitdem in ununterbrochener apostolischer Nachfolge fortbesteht. Die Kirche als Organisation, ihre Existenz als solche, war daher immer sakrosankt, also unantastbar. Sie konnte zwar kritisiert und reformiert, aber nicht in Frage gestellt werden. Das war nun plötzlich anders! Indem Luther das Christentum quasi auf ein einziges Buch, die Bibel, reduzierte, trennte er die Religion, das Christentum, von der Organisation, die dieses Buch überhaupt erst geschaffen hatte, der Kirche. Luther zerbrach die bis dahin bestehende Einheit von Kirche und Religion. Vor Luther gab es kein Christentum außerhalb der Kirche. Nach dem konkreten Auftrag Jesu Christi war die Kirche selbst - ihre Lehre, ihre Sakramente, ihre Funktion in der Welt und natürlich die in ihr organisierten und versammelten Gläubigen - das Christentum! Diese Einheit hat Martin Luther zerbrochen! Er hat das Christentum auf ein Buch reduziert!

Vor diesem Hintergrund wird verständlich, was den Kurfürsten von Sachen bewogen haben mag, Luther auf der Wartburg Zuflucht zu gewähren. Denn aus den von Luther verkündeten zentralen Grundsätzen ließen sich praktische Konsequenzen ableiten: Wenn allein die Bibel für das Christentum steht, wenn allein der Glaube an Christus und die Gnade Gottes für das Heil verantwortlich sind, dann braucht man keine Kirche! Dann braucht man keine kirchlichen Organisationen, keine Traditionen, keine Klöster, keine kircheneigenen Betriebe und Ländereien, dann gibt es auch keine Abhängigkeit und Verantwortlichkeit gegenüber Bischöfen oder gar dem Papst. Mit anderen Worten: Luther weist dem Kurfürsten von Sachen den Weg in die Freiheit von kirchlicher Bevormundung. Er braucht die Kirche nicht mehr, um in ihrem Auftrag, also „von Gottes Gnaden" zu regieren, er kann es jetzt aus eigener Machtvollkommenheit tun! Und er kann seine eigene Landeskirche gründen und die bisher vorhandenen kirchlichen Besitztümer für sich in Anspruch nehmen, sich also an ihnen bereichern. Auch die bisher üblichen Zahlungen an die kirchlichen Institutionen entfallen von nun an, im Gegenteil, von nun an kann er direkt von den Spenden der Gläubigen profitieren, die diese seiner Landeskirche zukommen lassen. Der von Luther aufgezeigte Weg führt den Landesherrn also zu Freiheit und Reichtum! Wer kann da widerstehen?

Und es geht noch weiter! Der Kurfürst gewinnt, wenn er Luthers Lehre annimmt, nicht nur politische und wirtschaftliche Freiheit, er gewinnt, wie jeder andere Mensch auch, persönliche Freiheit! Denn Luthers Prinzipien „Sola fide/Allein durch den Glauben" und „Sola gratia/Allein durch die Gnade" befreien ihn auch von allen persönlichen christlichen Pflichten, die ihm bisher von der Kirche im täglichen Leben auferlegt wurden. Das reicht von der Pflicht zum sonntäglichen Kirchgang über die Pflicht zum täglichen Gebet bis hin zur vorgeschriebenen Mildtätigkeit gegenüber Armen und Kranken etc. Da der Mensch, so Luther, außer dem Glauben an Jesus Christus nichts zu seinem Heil beitragen kann, kann er tun und lassen, was er will! Wer von uns will das nicht! Und hier, bei Luther „die Freiheit eines Christenmenschen" genannt, liegt übrigens die Wurzel dessen, was wir heute „Liberalismus" nennen.

Wir wissen natürlich nicht, ob diese Gedanken dem Kurfürsten von Sachen tatsächlich so durch den Kopf gegangen sind, als er Luther 1521 Asyl gewährte, aber sicher ist, dass all dies von vielen der damals regierenden Landesfürsten erkannt und in den folgenden ca. 20 bis 30 Jahren sukzessive in Mittel- und Nordeuropa Schritt für Schritt umgesetzt wurde. Bis etwa 1560 waren bereits viele Länder Europas den Lehren Martin Luthers gefolgt, hatten sich von der ursprünglichen christlichen Kirche abgewandt und eigene Landeskirchen gegründet. Und mit der späteren kolonialen Expansion dieser Länder, zum Beispiel nach Nordamerika, Asien und Afrika, verbreiteten sie die reformierte christliche Lehre in viele Teile der Welt.

Martin Luther ist also nicht nur für eine Spaltung der von Jesus Christus gegründeten Kirche verantwortlich, sondern auch dafür, dass dem abgespaltenen Teil des Christentums, der so genannten reformierten Kirche, etwa zwei Drittel der christlichen Lehre, nämlich

die inhaltliche und organisatorische Tradition, sowie ein wesentlicher Teil der Sakramente, also der unmittelbar wirksamen kul-
tischen Handlungen, schlicht fehlen. Was er
geschaffen hat, ist also, wohlwollend formu-
liert, eine Art „Christentum light". Aber auch
das trifft es nicht wirklich, denn seine zentralen Prinzipien "allein die Schrift", "allein der
Glaube" und "allein die Gnade" sind mit den
historisch gewachsenen Lehren des damals
bereits 1.500 Jahre alten Christentums
schlicht unvereinbar.

Und ebenso gravierend sind die äußeren, for-
malen Folgen seiner revolutionären Lehre.
Indem er die Kirche und die kirchliche Organisation ablehnt und die Religion auf das
Buch und den Inhalt der Bibel reduziert, zer-
reißt er das Band zwischen geistlicher und
weltlicher Macht! Er entbindet die weltlichen Herrscher völlig von der Bindung an die
Kirche und lädt sie damit zur Selbstermächtigung ein. Statt „von Gottes Gnaden" im Auftrag der Kirche und nach Gottes Geboten zu
herrschen, können die Fürsten und Könige
nun aus eigener Machtvollkommenheit tun
und lassen, was sie wollen, also nach

eigenem Willen und Gutdünken über ihre
Untertanen herrschen. Ja, theoretisch bleiben sie auch nach Martin Luther in ihrem
Handeln Gott verpflichtet, aber eben nur unmittelbar persönlich, quasi privat, wie jeder
einzelne Mensch. Und Einfluss auf die Erlangung des Himmelreiches hat ihr Handeln, wie
bei jedem anderen Menschen auch, ohnehin
nicht. Mit anderen Worten: Die weltliche
Macht wurde von Luther völlig entfesselt und
faktisch von allen Vorgaben der Religion und
der daraus abgeleiteten Ethik und Moral be-
freit!

Selbst wenn wir zu Gunsten Martin Luthers
annehmen, dass er das alles wahrscheinlich
weder geahnt noch gewollt hat, so sind es
doch die Ergebnisse seines Wirkens. Er hat
nicht nur die christliche Welt oder die westli-
che Welt, sondern die ganze Welt nachhaltig
verändert! Er hat das bis dahin weltweit gel-
tende Prinzip der Bindung weltlicher Macht
an göttliche, religiöse Vorgaben, also die Verbindung von Himmel und Erde und damit die
Bindung weltlicher Macht an göttliche Gebote, ein für alle Mal durchbrochen und aufgelöst! Mit seinem Grundsatz: Sola scriptura

/ Nur die Schrift negiert er die konkrete, praktische, also weltliche Seite der Religion und macht sie zu einer rein geistigen, persönlichen, inneren Angelegenheit jedes Einzelnen. Damit nimmt er Gott und seine Kirche faktisch aus dem weltlichen Spiel. Luther legt damit den Grundstein für eine säkulare Weltordnung, in der Religion zur Privatsache wird. Mit anderen Worten: Aus einem öffentlichen, kollektiven Kult, der das innere und äußere Leben der Menschen bestimmt, wird eine individuelle Privatsache! Das ist eine radikale Umkehrung des Religionsverständnisses. Rund zweihundert Jahre später bringt es der preußische König Friedrich II. auf den Punkt: „Jeder soll nach seiner Fasson selig werden". Zwei wesentliche Attribute der Moderne, Liberalismus und Säkularismus, haben also bei Martin Luther und seinen Lehren ihren Ursprung.

Doch wie geht es damals im 16. Jahrhundert in der Geschichte weiter? Natürlich reagieren die Kirche und die kirchentreuen weltlichen Fürsten auf den durch Luthers Lehren hervorgerufenen Glaubensabfall und den daraus resultierenden politischen Abfall weiter

Teile Europas. Es kommt zu innerkirchlichen Reformen, die mit dem Konzil von Trient 1563 ihren Abschluss finden. Eine parallel verlaufende Gegenreformation versucht, verlorenes geistliches und weltliches Terrain zurückzugewinnen. Im weltlichen Bereich kommt es zu vielfältigen Auseinandersetzungen zwischen den Herrschaftsgebieten, aber auch innerhalb der Völker stehen sich nun die Menschen aufgrund ihrer unterschiedlichen Glaubensrichtungen feindlich gegenüber. Die Reformation führte zur Spaltung des Christentums in zahlreiche reformierte Konfessionen, darunter Lutheraner, Calvinisten und Anglikaner, die jeweils eigene theologische und liturgische Ausrichtungen entwickelten. Diese konfessionellen Unterschiede trugen wesentlich zu religiösen Spannungen und Konflikten bei. Der „Prager Fenstersturz", bei dem protestantische Adelige zwei kaiserliche Beamte aus einem Fenster der Prager Burg warfen, löst 1618 schließlich den Dreißigjährigen Krieg aus. Der Krieg verläuft in mehreren Phasen und weitet sich schließlich zu einem europäischen Konflikt aus. Neben den deutschen Fürstentümern sind auch Dänemark, Schweden, Frankreich und Spanien beteiligt. Die lang andauernden Kriegshandlungen führen zu verheerenden Verwüstungen in Mitteleuropa mit massiven Verlusten an Menschenleben und wirtschaftlichem Niedergang. Die Auseinandersetzungen enden erst, als alle Parteien völlig erschöpft sind. Im Jahr 1648 wird der Westfälische Friede geschlossen, der Europa in traditionell christliche (katholische) und reformiert christliche (lutherische) Länder teilte. Das konkrete Ergebnis von Luthers Wirken ist also ein verwüsteter, wirtschaftlich geschwächter und religiös gespaltener Kontinent, der stellenweise mehr als 50 Prozent, im Durchschnitt etwa 40 Prozent seiner Bevölkerung verloren hat.

Aber das ist nur die katastrophale äußere Seite des Geschehens. Auf der geistigen Ebene, im Bereich der Werte, Normen und Ideen, wirken die Lehren Luthers noch viel verheerender und bis heute nach, nicht nur in Europa, sondern weltweit. Es lohnt sich, diese Wirkungsmechanismen etwas genauer zu betrachten. Luthers zentrale Prinzipien: „Sola scriptura", „Sola fide" und „Sola gratia" führten zu einer völligen Umkehrung der

Verhältnisse sowohl auf der persönlichen als auch auf der gesellschaftlichen, kulturellen und politischen Ebene.

Betrachten wir zunächst den politischen Bereich. Bevor Luther mit seinem Postulat: „Sola scriptura/nur die Schrift" die Religion ganz formal und endgültig von der Institution trennte, Religion also zu etwas „Theoretisch-Verstandesmäßigem" einerseits und zu etwas „Glaubensmäßigem" andererseits machte, dessen Inhalt vollständig aus einem einzigen Buch entnommen werden konnte, war Religion fest an eine Institution, an deren Lehren und Vorschriften und an die konkrete Lebenspraxis einer definierten Glaubensgemeinschaft gebunden. Außerhalb der Kirche gab es kein Christentum! Die Kirche und die in ihr organisierten Gläubigen waren die Christenheit. Diese Einheit wurde durch Luthers Lehre unwiderruflich zerbrochen! Und zugleich mit der Loslösung der Idee des Christentums von der Kirche war auch die Verbindung zwischen Kirche und Adel, zwischen geistlicher und weltlicher Macht ein für alle Mal zerbrochen. Denn wenn das Christentum nicht durch die Kirche, sondern allein durch die Bibel repräsentiert wird, verliert die Kirche schlagartig ihre Relevanz. Sie ist für den Glauben an Gott und für die Erlangung des Seelenheils einfach nicht mehr notwendig. Und vor allem vertritt sie nicht mehr die Gesetze und den Willen Gottes. Damit entfällt automatisch und schlagartig die Legitimation der Kirche zur Ausübung weltlicher Macht.

Wenn die Bibel und nicht die Kirche die letzte Autorität ist, dann herrscht der Fürst nicht mehr im Auftrag der Kirche, also „von Gottes Gnaden", sondern er herrscht aus sich selbst heraus, autonom, aus eigener Machtvollkommenheit. Er braucht und kann sich zur Legitimation und Rechtfertigung seiner Herrschaft nicht mehr auf die Kirche berufen. Er herrscht vorbehaltlos, geradezu absolut, ohne Vorbedingungen. Er ist zwar theoretisch noch an die Inhalte der Bibel gebunden, aber diese Bindung ist nicht einklagbar, von niemandem. Es geht nur um das persönliche Verhältnis des Fürsten zu Gott. Also um seine Privatsache. Das gibt seiner öffentlichen Verantwortung einen ganz anderen Charakter. Im Gegensatz dazu wurden die weltlichen

Herrscher bis zur Zeit Luthers von der Kirche und den kirchlichen Amtsträgern belehrt, kontrolliert und waren ihnen gegenüber rechenschaftspflichtig. Ihr Handeln war also keineswegs frei, sondern öffentlich nachvollziehbar religiösen Vorgaben und kirchlichen Geboten unterworfen. Die weltliche Macht war also unmittelbar und öffentlich an die ethisch-moralischen Vorgaben und an die sonstigen Gebote und Verbote des Himmels, der Religion, gebunden. All das ist nun plötzlich Vergangenheit. Plötzlich gab es so etwas wie eine weltliche, nicht religiös begründete politische Macht!

Das war neu! Nicht nur in Europa, sondern auf der ganzen Welt. Denn überall, in allen Teilen der Welt leiteten die weltlichen Herrscher ihre Macht und ihren Herrschaftsanspruch von Gott oder den Göttern ab. Das gilt für China und Japan ebenso wie für Indien und Ägypten, für Afrika und Amerika. Stets beriefen sich die Herrscher auf direkte oder indirekte Verbindungen zu den Göttern, repräsentierten sie oder verwalteten ihr Reich in göttlichem Auftrag. Ähnlich wie im Abendland, wo der Adel im Auftrag der Kirche als weltlicher Vollstrecker den Willen Gottes umzusetzen hatte, gab es entsprechende Konstruktionen in allen Teilen der Welt. Diese Herrschaftsstruktur und Herrschaftslegitimation wurde durch Luthers Kunstgriff „Sola scriptura", mit dem er die Religion von der Kirche trennte, ein für alle Mal zerschlagen. Und dieses Prinzip verbreitete sich, wie wir gesehen haben, nicht nur in Europa, sondern wurde von hier aus im Zuge der globalen Kolonialisierung in alle Welt exportiert.

Das Prinzip „sola scriptura" war also der auslösende Impuls, der letztlich auf globaler Ebene dazu geführt hat, dass wir heute in einer Welt leben, in der politische Macht „frei schwebend", ohne Bindung an verbindliche, religiös vorgegebene Werte und Normen, also ungebunden aus sich selbst heraus agieren kann. Dank der von Martin Luther gelegten Grundlagen gibt sich die Politik ihre eigenen Regeln und kann daher tun und lassen, was sie will. Nicht nur in Europa, sondern auf der ganzen Welt. Das sind die Auswirkungen von Luthers Wirken im äußeren, im politischen Raum.

Wenn wir nun den inneren Raum, den persönlichen Raum jedes einzelnen Menschen betrachten, sind die Folgen von Luthers Wirken nicht weniger einschneidend und dramatisch. Seine Prinzipien „Sola fide - allein aus Glauben" und „Sola gratia - allein aus Gnade" haben gravierende Auswirkungen auf das Selbstverständnis des einzelnen Christen. Es ist nicht mehr die Rede davon, dass der Mensch den Geboten und Gesetzen Gottes um seines Heiles willen verpflichtet ist. Und es ist kaum noch die Rede davon, dass er die göttlichen Gebote und Gesetze nach bestem Wissen und Gewissen und unter Einsatz aller ihm zur Verfügung stehenden Mittel und Möglichkeiten bestmöglich zu erfüllen hat, um der Hölle zu entgehen und in den Himmel zu kommen. So hat es die Kirche damals, zu Luthers Zeiten, schon seit 1.500 Jahren gelehrt und mit ihren Geboten und Verboten, mit ihren Sakramenten und Gebeten, mit ihren Pflichten und Hilfen versucht, die Menschen in diesem Sinne zu fordern, zu fördern und zu unterstützen.

Nach Martin Luther aber genügt es plötzlich, wenn der Mensch stattdessen an Jesus

Christus glaubt und zugleich anerkennt, dass Jesus Christus durch seinen Tod am Kreuz stellvertretend für ihn seine persönliche Schuld vor Gott getilgt hat. Denn Luther geht davon aus, dass jeder Mensch aufgrund der Erbsünde ein durch und durch sündiges Wesen ist, also immer in Sünde lebt, immer sündigen muss und nichts zu seinem Heil beitragen kann. Nur der Glaube an Jesus Christus kann ihn retten! Aber, und hier kommt sein Grundsatz „sola gratia/aus Gnade allein" ins Spiel, selbst diesen Glauben kann der Mensch nach Martin Luther nicht aus eigener Kraft entwickeln. Entweder er hat ihn, dann ist er gläubig, oder er hat ihn nicht, dann ist er ungläubig. Entscheidend ist allein die Gnade Gottes. Besitzt der Mensch die Gnade Gottes, so ist er gläubig und damit gerettet, besitzt er die Gnade Gottes nicht, so ist er ungläubig und damit verdammt.

Diese eher fatalistische Denkweise entbindet den Christen von allen aktiven Pflichten, zumindest wenn es um sein Seelenheil geht. Zwar mag es nach den Vorgaben der Bibel weiterhin moralisch-ethisch geboten sein, sich gut und ehrenhaft zu verhalten, doch ist dies keine Voraussetzung für den Eintritt in das Himmelreich. Denn diejenigen, die in den Himmel kommen, sind bereits von Gott auserwählt. Sie stehen also von vornherein fest! Es sind die „Auserwählten", die seine Gnade besitzen, die also aufrichtig an Jesus Christus als ihren Erlöser glauben können. Und woran erkennt man diese von Gott erwählten Menschen? Nun, einige reformierte Kirchen meinen, es seien jene Menschen, die, weil sie Gottes Gnade haben, vom Leben begünstigt sind, die also schon hier auf Erden Erfolg und Wohlstand haben und damit sozusagen einen Vorgeschmack auf die Freuden des Himmelreiches, die sie erwarten.

Martin Luthers Ideen haben also einen ganz entscheidenden Einschnitt in der europäischen Geistesgeschichte bewirkt. Sowohl im äußeren, weltlichen Bereich als auch für jeden Einzelnen in seiner individuellen Religiosität.

In der äußeren Welt läuteten seine Ideen in Europa und schließlich weltweit die Idee des Säkularismus ein. Freilich geschah dies nicht isoliert, als einsamer Impuls im luftleeren

Raum, sondern eingebettet in das Zeitgeschehen der sich damals parallel entfaltenden Renaissance und des sich später entwickelnden Rationalismus. Beide Strömungen wurden von Luthers Gedanken inspiriert, und umgekehrt profitierte Luther vom Zeitgeist der Rückbesinnung auf die geschichtlichen Quellen der Griechen, Römer usw. und von den ersten Ideen des Humanismus, der nicht mehr Gott, sondern den einzelnen Menschen und die Menschenrechte in den Mittelpunkt stellt.

Inhaltlich, d.h. von den notwendigen Gedanken und Impulsen her, waren damit alle Voraussetzungen für das geschaffen, was wir in der konkreten weiteren Geschichte beobachten können. Die globale Entwicklung führte 1775 zum Ausbruch des Amerikanischen Unabhängigkeitskrieges, der schließlich mit der Unabhängigkeitserklärung, der Abschaffung der Monarchie und der Gründung der Vereinigten Staaten von Amerika endete.

Ohne die von Martin Luther zweihundert Jahre zuvor eingeleitete Trennung von weltlicher und geistlicher Macht wäre ein solcher

Schritt nicht möglich gewesen! Denn wenn der König von England, gegen den sich der amerikanische Befreiungskrieg ja richtete, zu diesem Zeitpunkt noch König „von Gottes Gnaden" gewesen wäre und im direkten Auftrag der Kirche, also der anerkannten Stellvertretung Gottes auf Erden, hätte handeln können, dann wäre die amerikanische Revolution ein Aufstand gegen diese Kirche und damit ein Aufstand gegen Gott gewesen! Damit aber hätten die handelnden Personen, die Revolutionäre, die im Wesentlichen immer Christen waren, die Exkommunikation, also den Ausschluss aus der Kirche und damit ihr Seelenheil aufs Spiel gesetzt und damit den Zugang zum Himmelreich verloren.

Und auch die zeitlich unmittelbar folgende blutige Revolution in Frankreich, die 1789 begann und schließlich zur Enthauptung des Königs und zur Ausrufung der Republik führte, konnte nur stattfinden, weil die Verbindung von Kirche und weltlicher Macht in der Vergangenheit gekappt worden war und die Kirche selbst nach Luthers Lehre nicht mehr heilsnotwendig erschien. Das galt inzwischen, rund 250 Jahre nach Luther, sogar im traditionell christlichen, also katholischen Frankreich, das immer mehrheitlich kirchentreu geblieben war. Und das wiederum macht deutlich, wie wirkmächtig die von Luther entwickelten Ideen sind.

Die weitere gesellschaftliche und politische Geschichte, in Europa und weltweit, ist die einer sukzessiven Zurückdrängung aller monarchischen Strukturen. Bis auf wenige Ausnahmen, vor allem im arabischen Raum, sind alle heute noch existierenden Monarchien konstitutionell, d.h. mehr oder weniger rein repräsentativ. Die politische Macht liegt also in fast allen Fällen nicht mehr in den Händen des Adels.

Die Wurzeln dieser Entwicklung, d.h. des Verfalls der weltlichen Macht des Adels, liegen eindeutig in der Zeit Martin Luthers. Der Kurfürst von Sachsen und alle Fürsten und Herrscher jener Zeit, die den Verlockungen der Lehre Luthers nicht widerstehen konnten, haben ihren Nachkommen letztlich einen nicht wieder gut zu machenden Bärendienst erwiesen! Durch die Übernahme der Lehre Luthers und die Trennung von der römischkatholischen Kirche, der einzigen Kirche Westeuropas zur Zeit Luthers, gewannen sie zwar kurzfristig Freiheit und einen Zuwachs an Reichtum und Macht, aber mittel- und langfristig verloren sie ihre Legitimation zu herrschen! Sie konnten sich gegenüber ihren Untertanen nicht mehr darauf berufen, die weltliche Herrschaft im Auftrag der Kirche, „von Gottes Gnaden" und damit quasi stellvertretend für Gott selbst auszuüben. Herrschaft und Religion, also weltlicher Fürst oder König und Gott bzw. das Himmelreich, waren ein für alle Mal getrennt. Seit Luther seine Thesen dazu veröffentlicht hat, herrschen die Mächtigen aus sich selbst heraus, aus eigener Selbstermächtigung! Und so etwas kann natürlich vom Volk hinterfragt und ganz konkret in Frage gestellt werden!

Und genau das ist in der Geschichte der letzten 500 Jahre weltweit geschehen. An allen Orten und zu allen Zeiten gab es Revolutionen unterschiedlichster Art und politische Machtwechsel waren und sind an der Tagesordnung. Die weltliche Macht wurde zum Spielball der Interessen, die verschiedene gesellschaftliche Gruppen miteinander austrugen. Heute geschieht dies meist unter demokratischen Vorzeichen, wobei klar sein sollte, dass „das Volk" als solches kaum eine Rolle spielt. Wichtig sind die im Hintergrund agierenden „Meinungsmacher", denn sie beeinflussen und bestimmen letztlich das Abstimmungsverhalten der Massen. Die politische und gesellschaftliche Macht liegt also nach wie vor in den Händen einer kleinen, inzwischen global agierenden Elite, die für die Menschen kaum sichtbar die Fäden zieht.

Anders als in Zeiten offener und für jedermann sichtbarer Hierarchien, wie sie bis zur Zeit Martin Luthers üblich waren, agieren die Mächtigen heute meist im Verborgenen, für die Öffentlichkeit unsichtbar. Sie sind auch nicht mehr an ein Regelwerk gebunden, es gibt keine höhere Ordnung mehr, der sie sich unterordnen müssten, keinen eigentlichen Souverän, dem sie zu dienen hätten. Da ihr Handeln daher nur auf ihre eigenen Interessen ausgerichtet ist, werden ihre Aktionen oft maßlos und völlig unberechenbar.

Das war in der Zeit vor Martin Luther ganz anders. Absoluter Herrscher über Himmel und Erde war Gott in der Person Jesu Christi. An seiner Stelle und in seinem Auftrag handelte die von ihm selbst gegründete christliche Kirche. Diese beauftragte den Adel mit der Ausübung und Gestaltung der weltlichen Herrschaft im Sinne Gottes, d.h. gemäß der Lehre Jesu Christi und nach den konkreten Vorgaben der Kirche. Die Hierarchie, die Zuständigkeiten, die Kompetenzen und der Maßstab allen Handelns waren somit auf allen Ebenen für jeden Akteur klar. Alles war völlig transparent. Für jeden nachvollziehbar und für jeden einsehbar.

Diese Struktur wurde durch das Wirken Martin Luthers ein für alle Mal zerstört. Indem er den absoluten Faktor Religion aus dem öffentlichen Spiel nahm und zur individuellen Privatsache machte, legte er den Grundstein für die Relativität aller Werte. Aus diesem Relativismus folgt zwingend der Liberalismus und natürlich der Säkularismus. Denn relative Werte können von sich aus nur tolerant gegeneinander sein, und natürlich kann aus ihnen kein Machtanspruch abgeleitet werden. Und damit haben wir die wesentlichen Ingredienzien der heutigen Zeit, der

Moderne/Postmoderne. Und wir haben zugleich die Faktoren, die zentral für den geistigen, seelischen, kulturellen, sozialen, wirtschaftlichen und politischen Niedergang des Abendlandes verantwortlich sind.

Hat Martin Luther das alles gewusst und gewollt, als er in den Jahren 1517 bis 1521 Reformen der Kirche forderte? Sicher nicht! Aber: Gut gemeint ist oft nicht gut gemacht oder führt sogar zum Gegenteil.

Nachwort

Der vorstehende Text hat sich eingehend mit den Auswirkungen der Reformation Martin Luthers auf die abendländische Kultur und Zivilisation befasst. Er zeigt, wie Luthers Thesen und seine radikale Kirchenkritik die Einheit von Kirche und Christentum zerbrachen und weitreichende politische, soziale und kulturelle Veränderungen auslösten. Die durch Luthers Lehren eingeleitete Trennung von geistlicher und weltlicher Macht führte zur Entstehung säkularer Staatsformen und liberaler Ideologien, die das Fundament der modernen Welt bilden. Traditionelle hierarchische Strukturen wurden aufgelöst und durch eine neue, oft verborgene Elite ersetzt, die ohne klare moralische und ethische Richtlinien agierte. Diese Entwicklungen führten schließlich zu einem relativen Werteverfall und einem tiefgreifenden Wandel der abendländischen Kultur.

Die traditionelle christliche Sichtweise

Der Text stellt eine traditionelle christliche Sichtweise dar, die davon ausgeht, dass die ursprüngliche Ordnung der Welt dem göttlichen Willen entspricht. Diese Ordnung, in der die Kirche als Stellvertreterin Christi auf Erden fungiert und die weltliche Macht gemäß der Lehre Jesu Christi handelt, wird als göttlich legitimiert angesehen. Die durch die Reformation eingeleitete Trennung von Kirche und Staat wird daher als ein Akt des Ungehorsams gegenüber dem göttlichen Willen betrachtet, der zu erheblichen Störungen in der weltlichen und geistlichen Ordnung geführt hat.

Jesus Christus als Herr der Welt

In dieser Perspektive bleibt Jesus Christus der Herr der Welt. Seine Lehre und seine Kirche bleiben die Grundlage des christlichen Glaubens und der christlichen Sittenordnung. Die Reformation und die durch sie ausgelösten Veränderungen haben an dieser Grundwahrheit nichts geändert. Vielmehr betont diese Perspektive die Notwendigkeit, zur ursprünglichen Einheit von Kirche und Glaube zurückzukehren, um die göttliche Ordnung wiederherzustellen.

Kein Heil außerhalb der Kirche

Ein zentraler Punkt dieser traditionellen Sicht ist die Überzeugung, dass es außerhalb der Kirche kein Heil gibt. Die von Jesus Christus selbst gestiftete Kirche ist das einzige Medium, durch das die Gläubigen Zugang zur göttlichen Gnade und letztlich zum Heil finden können. Die von Luther angestoßene Spaltung und die daraus entstandenen reformierten Kirchen gelten daher aus traditioneller Sicht als Abweichungen vom wahren Weg des Heils.

Versöhnungsbrücke für Andersdenkende

Es ist jedoch wichtig anzuerkennen, dass die Reformation und ihre Folgen komplexe Themen sind, die unterschiedliche Perspektiven und Interpretationen zulassen. Dies wird ausdrücklich attestiert. Dieser Text bietet bewusst eine kritische Sichtweise, die zum Nachdenken und Überdenken anregen soll. Dabei kommt die traditionelle Überzeugung zum Ausdruck, dass die ursprüngliche Einheit von Kirche und Staat eine göttliche Ordnung widerspiegelt.

Es ist selbstverständlich davon auszugehen, dass nicht alle Leser diese Perspektive teilen. Im Gegenteil, ist es vielmehr realistisch anzunehmen, dass den meisten Lesern die hier dargelegte traditionelle christliche Perspektive eher fremd und exotisch erscheint, da sie mit dem heutigen Zeitgeist kaum vereinbar ist. Die Reformation hat zu einer Vielfalt von Konfessionen geführt, die jeweils eigene Sichtweisen und theologische Ansätze entwickelt haben. Diese Vielfalt bereichert das religiöse und kulturelle Leben und trägt zu einem tieferen Verständnis und Dialog bei.

Abschließende Gedanken

Dieser Text lädt dazu ein, die historischen Ereignisse und ihre weitreichenden Folgen aus verschiedenen Blickwinkeln zu betrachten. Unabhängig davon, wie man zu Martin Luther und der Reformation steht, kann die Auseinandersetzung mit diesem Text neue Einsichten und Denkanstöße vermitteln. Der Dialog über diese wichtigen Themen kann dazu beitragen, das gegenseitige Verständnis zu vertiefen und Brücken zwischen verschiedenen Glaubensrichtungen zu bauen.

Dem Leser bleibt zu danken für seine Offenheit und Bereitschaft, sich mit diesen komplexen und oft kontroversen Themen auseinanderzusetzen. Vielleicht können diese kritischen Betrachtungen dazu beitragen, dass wir alle aus der Geschichte lernen und einen respektvollen und konstruktiven Dialog miteinander führen.